essentials

essentials liefern aktuelles Wissen in konzentrierter Form. Die Essenz dessen, worauf es als „State-of-the-Art" in der gegenwärtigen Fachdiskussion oder in der Praxis ankommt. *essentials* informieren schnell, unkompliziert und verständlich

- als Einführung in ein aktuelles Thema aus Ihrem Fachgebiet
- als Einstieg in ein für Sie noch unbekanntes Themenfeld
- als Einblick, um zum Thema mitreden zu können

Die Bücher in elektronischer und gedruckter Form bringen das Expertenwissen von Springer-Fachautoren kompakt zur Darstellung. Sie sind besonders für die Nutzung als eBook auf Tablet-PCs, eBook-Readern und Smartphones geeignet. *essentials:* Wissensbausteine aus den Wirtschafts-, Sozial- und Geisteswissenschaften, aus Technik und Naturwissenschaften sowie aus Medizin, Psychologie und Gesundheitsberufen. Von renommierten Autoren aller Springer-Verlagsmarken.

Weitere Bände in der Reihe http://www.springer.com/series/13088

Peter Ludes

Brutalisierung und Banalisierung

Asoziale und soziale Netze

Peter Ludes
Köln, Deutschland

ISSN 2197-6708 ISSN 2197-6716 (electronic)
essentials
ISBN 978-3-658-21766-2 ISBN 978-3-658-21767-9 (eBook)
https://doi.org/10.1007/978-3-658-21767-9

Die Deutsche Nationalbibliothek verzeichnet diese Publikation in der Deutschen Nationalbibliografie; detaillierte bibliografische Daten sind im Internet über http://dnb.d-nb.de abrufbar.

Springer VS

Gedruckt auf säurefreiem und chlorfrei gebleichtem Papier

Springer VS ist ein Imprint der eingetragenen Gesellschaft Springer Fachmedien Wiesbaden GmbH und ist ein Teil von Springer Nature
Die Anschrift der Gesellschaft ist: Abraham-Lincoln-Str. 46, 65189 Wiesbaden, Germany

Was Sie in diesem *essential* finden können

- Brutalisierung und Banalisierung als Gegenmächte zu Rationalisierung und Zivilisierung.
- Wahrnehmungs- und Kommunikationszwänge in a-/sozialen Netzen.
- Kollektive Mythen der unbegrenzten, freien Kommunikation.
- Neue Regeln des Zusammenhalts und der Ausgrenzung.
- Zusammenhänge zwischen Fiktionen und Tatsächlichkeiten, vollsinnlichen und mediatisierten Erlebnissen.
- Neue Gebote des Gegeneinander-Lebens.

Gewidmet den ehemaligen Mitwirkenden
im Forschungszentrum
Humanities, Modernity, Globalization
der Jacobs University Bremen

Danksagung

Die Gespräche mit Norbert Elias, von 1980 bis 1988, bleiben in fiktiven Dialogen nachhaltig anregend (vgl. Elias 2017 und Ludes 2017b). Mein Essay gründet auch in Jurysitzungen der *Initiative Nachrichtenaufklärung* (vgl. Haarkötter und Nieland 2017) und persönlichen Gesprächen mit immer wieder neuen Jury-Mitgliedern, seit 1998.

Die persönlichen Treffen im Forschungszentrum *Humanities, Modernity, Globalization* der Jacobs University Bremen, bis zu dessen Schließung 2014 (vgl. Mersmann und Kippenberg 2016), erweiterten meinen Horizont. K. Ludwig Pfeiffer und Peter Gendolla, Siegen, schenkten mir wichtige Verbesserungsvorschläge zu einer früheren Fassung, Friedrich Ochsmann, Köln, verbesserte eine weitere Version: Herzlichen Dank! Gemeinsam mit dem Informatiker Otthein Herzog (Bremen, jetzt Shanghai) leitete ich von 2008 bis 2012 ein von der DFG gefördertes Projekt zur Erfassung von Schlüsselbildern und mehrere Seminare. Die vielen persönlichen Gespräche mit ihm führten über die Rezeption von Fachliteratur hinaus.

Vorarbeiten zu Kap. 2 stellte ich im November 2016 an der Universität zu Köln in einem Vortrag „National Myths and International Narratives" zur Diskussion. Einige Thesen für Kap. 3 konnte ich im Mai 2017 in der Villa Vigoni erproben: „Embodied Habits and Distorted Perceptions: Local, Virtual, and Programmed Contact Zones". Ich danke hier besonders Stefan Kramer, Köln, und Immacolata Amodeo, Villa Vigoni.

Inhaltsverzeichnis

1 **Das Böse des Banalen** 1

2 **Kollektive Mythen** 7

3 **Zusammenhalt und Ausgrenzung** 11

4 **Fiktion und Tatsächlichkeit** 19

5 **Ein neuer Dekalog** 25

Literatur 37

Das Böse des Banalen 1

Nur zwei Trends der ersten Jahrzehnte des 21. Jahrhunderts werden hier in den Vordergrund gerückt: Brutalisierung und Banalisierung. Sie verstärken sich wechselseitig und sind nicht einfach besondere Ausdrucksformen von Globalisierung und Digitalisierung. Es soll vielmehr gefragt werden, inwieweit die Expansion kommunikativer Vernetzungen nicht nur neue Des-/Informationschancen eröffnet, sondern auch zuvor eingehaltene Verhaltensstandards aufbricht durch brutalc Banalitäten. Entwertet die massenhafte Einbindung mehrerer Milliarden Menschen aus sehr unterschiedlichen Kulturen, Generationen, Klassen und Schichten in digitale Netze nicht notwendig die zuvor verinnerlichten und institutionalisierten Kommunikationsweisen? Und ist die Banalisierung der Botschaften kollektiver Mythen (Kap. 2) nicht zugleich eine wichtige Voraussetzung und Begleiterscheinung für immer schnellere, vernetzte Medien, die Algorithmisierung ihrer Inhalte und Präsentationsformate? Eröffnen sich mit dem hier vorgeschlagenen Perspektivwechsel neue Einsichtsmöglichkeiten? Weg von vorrangig positiv assoziierten Megatrends wie Digitalisierung oder Globalisierung hin zu brutal banalen Störfaktoren sogenannter Informations- und Wissensgesellschaften?

Digitaltechnisch formatierte soziale Netze verbreiten leichter als je zuvor organisierte Meinungsmache, fördern Koordinationen und Kooperationen auch für brutal banale Zwecke. Die technische Infrastruktur von Suchmaschinen und sozialen Medien gründet hierbei in Algorithmen, die weit jenseits nationaler Gesetzgebung und Kontrolle professionell entwickelt wurden. Wer die Kommunikations-Regeln, die zuvor in persönlichen Begegnungen verbindlich waren, in diesen a-/sozialen Netzen bricht, verschafft sich oft Vorteile an Aufmerksamkeit und Meinungsmacht.

Mit aufgrund der weiterhin zunehmenden Bedeutung dieser Antriebskräfte und des wachsenden zeitlichen Anteils technisch vermittelter (Des-) Orientierung,

P. Ludes, *Brutalisierung und Banalisierung*, essentials,
https://doi.org/10.1007/978-3-658-21767-9_1

(Ex-) Kommunikation, Identifikation und Kooperation an Tages- und Lebenszeiten zerbrechen bisherige Grundmuster der Modernisierung, Zivilisierung und Verständigung. Die seit wenigen Jahrhunderten in einigen Gesellschaften institutionalisierte funktionale Differenzierung von Familie, Politik, Wirtschaft, Religion, Wissenschaft und Kunst zerbricht. Regeln und Konventionen der intimen Liebe, von Privatheit und elterlichen Erziehungsnormen werden weder von staatlichen Erziehungsinstitutionen noch persönlich anwesenden Gruppen dominiert, sondern von medialen Vorbildern, Netzwerkpartner- und -gegner_innen. Wichtige politische Meinungsbildungen und Entscheidungen organisieren sich nicht mehr vorrangig in rechtlich und demokratisch legitimierten Parteien, Parlamenten, Regierungen und ihnen zuarbeitenden Verwaltungen oder in ortsgebundenen Kontaktzonen des persönlichen Zusammenhaltens (Kap. 3), sondern kurzfristig mediatisiert und auf wenige Minuten oder Zeichen verkürzt, außerhalb professioneller journalistischer Prüfung/Kommentierung/Kontrolle. Gleichzeitig erfolgen „aus nationalen Sicherheitsinteressen" totalitär geheime Überwachungen und hierauf basierende politische Entscheidungen jenseits öffentlicher Kontrollierbarkeit. Diese neuen algorithmisierten Filter-Kulissen werden unsichtbar: statt „neuer Unübersichtlichkeiten" also *„neue Unsichtbarkeiten"*, die „Brückenmedien" und „Fiktions-Tatsächlichkeits-Orientierungsmodelle" (Kap. 4 und 5) erfordern.

Innerhalb weniger Jahre eroberten multinationale Konzerne der Informations- und Kommunikationstechnologien, also ICTs, die zugleich auch Des-Informations- und Ex-Kommunikationstechnologien, abgekürzt „DETs", heißen könnten, Spitzenplätze unter den weltweit führenden Wirtschaftsunternehmen: Die größten ICT- bzw. DET-Unternehmen der Welt, nach ihrem Marktwert in Milliarden US-$, waren 2017 Apple, Alphabet, Microsoft, Amazon, Facebook und Alibaba. Ihre Produkte und finanziellen Ressourcen formatieren/prägen nicht nur wirtschaftliche, sondern auch private, politische und allgemein kulturelle Erlebnisse und Handlungen. Diese Form wirtschaftlicher Profitmaximierung beeinflusst die Kommunikation in Familien und Liebesbeziehungen, beim Wettbewerb oder Kampf um politische Macht und kulturelle Normen. Auch religiöse Botschaften erreichen immer mehr Menschen für längere Zeitspannen in aufwendig mediatisierter und vernetzter Aufmachung. Transzendente Kräfte erscheinen dementsprechend nicht mehr allein in sakralen Räumen, in der unmittelbaren persönlichen Gemeinschaft von Gläubigen und in tradierten Ritualen – sondern individuell wahrgenommen auf kleinen Schirmen. Sie sind oft direkt verlinkt mit Aufforderungen zu Spenden oder Aktivitäten, die Wirtschaftsunternehmen oder politische Organisationen fördern.

Die Natur- und Ingenieurwissenschaften entwickelten über Jahrhunderte hinweg besondere Beobachtungs- und Experimentierkompetenzen, mit deren Hilfe

Naturgesetze erkannt und entsprechende menschliche Kontrollmöglichkeiten eröffnet werden konnten. Dagegen blieben den Geistes- und Sozialwissenschaften bis zum 21. Jahrhundert umfassende Einblicke in die meisten menschlichen Erfahrungen und in die Hintergründe von Handlungen verwehrt. Die „Offenlegung“ von mehreren Milliarden Menschen bei ihren Suchanfragen, Kontaktaufnahmen, Kommunikationsgewohnheiten, erotischen, wirtschaftlichen, politischen und religiösen Präferenzen verschafft den Besitzern dieser Datenbestände heutzutage Informationen, die weit über frühere Beobachtungen von Nachbar_innen, Lehrer_innen oder Polizei, erst recht über sozialwissenschaftliche Befragungen hinausführen, so „dass es mittlerweile hauptsächlich darum geht, die sozialen Netzwerke zu dominieren, mit allen zur Verfügung stehenden Technologien. Nichts eignet sich heute besser zur Verbreitung von Empörung und Zorn.“ (Eder 2017, S. 62 f.).

Soziale Medien und Geheimdienste kombinieren heute, über (in-) formelle Kooperationen oder den beruflichen Wechsel von Führungskräften und Wissenschaftler_innen, sehr verschiedene Daten. Sie sind imstande, immer mehr menschliche Handlungen, Ziele, Ängste und Hoffnungen für kommerzielle und Überwachungs-Zwecke auszubeuten. Zwar verbleiben große Restbestände der Unberechenbarkeit sozialer Einstellungen und Handlungen, die aber als „weniger wichtig“ in technisch formatierten Kommunikationen ausgeblendet werden. Derartige Dimensionen menschlicher Wünsche, Ängste, Hoffnungen, Horizonte werden zwar weiterhin in künstlerischen Werken innovativ erhellt. Aber auch künstlerische Kreativität gerät unter den Imperativ der technischen Produzier- und Präsentierbarkeit, was wiederum algorithmische Zugänglichkeit erfordert.

Die Verhaltensregeln, -regelmäßigkeiten und damit tendenziell auch die Persönlichkeitsstrukturen von immer mehr Menschen werden für größere Zeitabschnitte des Lebens in digitalen Netzen vorgegeben; sie wirken damit weit über unmittelbar erlebbare Situationen hinaus. Erkennen und Anerkennung erfolgen immer mehr durch Webkommunikationen, die an kleinen Schirmen wahrgenommen werden und nur in einer verschwindend geringen Anzahl überhaupt zu persönlichen Begegnungen führen könnten. Alle mehr oder weniger „zivilisierteren“ Verhaltensausprägungen und Vorlieben, Grundannahmen über sich selbst und andere, zeitlichen Orientierungen und Machtbeziehungen werden hierdurch verändert. Besonders schwer wiegen Unterminierungen bisheriger Tabus bei Hassausbrüchen, Gewaltaufrufen und koordinierter Gewaltausübung.

Letztere erfolgt je nach Gesellschaft mehr durch staatliche Gewaltorganisationen wie Militär, Polizei, Geheimdienste oder aber durch staatlich kaum kontrollierbare a-/soziale Netze. Damit werden bisherige Regeln der im weitesten Sinne politischen Meinungsbildung und Entscheidungsfindung konterkariert. Immer mehr, länger und intensiver vernetzte Menschen gehen keineswegs meistens davon aus, der Austausch von Argumenten könnte zu besseren Einsichten und Entscheidungen führen. Die Zugehörigkeit zu separaten Gruppen, mit fast mythischen Abgrenzungen zu anderen Ethnien und Glaubensvorstellungen schlägt dann jegliche Gesprächsbereitschaft. Das wird kommerziell ausgebeutet und professionell vorangetrieben. Denn Unternehmen, die Werbung für potenzielle Kund_innen in digitalen Netzen schalten, brauchen nicht mehr allgemeine redaktionelle Inhalte indirekt mitzusubventionieren. Als Kollateralschaden aus diesem Wegfall ergeben sich weitaus geringere Einkünfte für klassische Medienunternehmen. Zielgenaue Werbung richtet sich zudem an Konsument_innen und nicht an Bürger_innen.

Der Bericht der „Global Commission on Internet Governance“ (2016) erarbeitete drei plausible Szenarien für die weitere Entwicklung des Internets. Auf der Basis empirischer Daten und von Expertengutachten wurde zum Beispiel festgestellt, dass die Kosten der Cyberkriminalität 2016 bereits 445 Mrd. US$ betragen haben könnten, mit rasanten Zuwachsraten. In diesem (ersten) Worst-Case-Szenario werden neue Internetnutzer_innen leichte Opfer für kommerzielle Ausbeutung, Betrug und Cyberkriminalität. Immer mehr nur scheinbar geschützte Daten und persönliche Informationen würden illegal kopiert und wieder genutzt. Diese kriminellen Aktivitäten, darunter auch einige im Dienste von Regierungen und Geheimdiensten, blieben oft unentdeckt. Das zweite Szenario erhellt die asymmetrischen „digitalen Dividenden“, von denen die meisten Nutzer_innen immer ausgeschlossen blieben. Das dritte, optimistische Szenario skizziert den unvergleichlichen Fortschritt eines dynamischen Internets. Hierdurch würden neue Chancen für soziale Gerechtigkeit und Menschenrechte, Informationen und Wissen, ökonomisches Wachstum und Innovation eröffnet.

Hartley, Montgomery und Siling (2017) betonen demgegenüber die Militarisierung des Internets als offizielle Politik in mehreren Ländern, in denen zusammen mehr als drei Milliarden Menschen leben. Dieser „Shanghai Pakt“ betrachte das Internet des Westens als Bedrohung der eigenen Sicherheit, als Untergrabung der eigenen politischen, ökonomischen und sozialen Systeme. Diese Bedrohung ergebe sich aus der Verbreitung von „Informationen“, die den geistigen, moralischen und kulturellen Sphären anderer Staaten schadeten. Der Shanghai Pakt bezieht sich hierbei explizit auf Google, Facebook, Twitter und Amazon, ebenso wie auf lokale Menschenrechtsaktivist_innen. Die „universellen“ Werte der Freiheit und freier Rede (vgl. zu Chancen ihrer internationalen Abstimmung Garton Ash 2016) seien nur Mätzchen, die deren tatsächliche Begrenzung auf wenige Personen und Gruppen verschleierten. Diese „sanfte Macht“ diene der Steuerhinterziehung und US-amerikanischen Interessen. Die „kalifornische“ Ethik eines freien Internets werde auf die Marktstrategien sich selbst bedienender multinationaler Konzerne übertragen.

Neue kollektive Mythen überschwemmen Netze, Echo-Schwatzbuden und auf kleinen Schirmen gefangene User: Diese beugen ihr Haupt und verengen ihren Horizont. „Völkische Gruppierungen" grenzen sich ab und werden ausgegrenzt. Mehrere Millionen Menschen bezahlen teuer, viele mit ihrem Leben, für gefährliche Fluchtrouten. Gegenüber noch dominierenden Vorstellungen von Modernisierung, Rationalisierung, Diskurs und Aufklärung sind deshalb schwierigere Umstände als eine vermeintliche Dialektik der Aufklärung zu benennen. Denn Banales erscheint in vielen Bereichen zunehmend als leicht akzeptierbar, ohne moralisches Gewicht oder politische Bedeutung und als verantwortungslos (vgl. Arendt 1963; Aronczyk 2017).

So werden extreme soziale Ungleichheiten brutal durchgesetzt, u. a. auch aufgrund der weitgehenden Verschleierung von Gesetzesbrüchen als „smarten Innovationschancen". Das Internet wird von „global players" als Spielwiese außerhalb staatlicher Regeln genutzt und mithilfe von immer mehr Lobbyismus entsprechend ausgebaut (vgl. bereits Hayden 2007, S. 280, 284, 292, 297). Es ist leichter und effektiver denn je, banal „Böses", persönliche und strukturelle Gewalt, technisch vernetzt und hinter den Netz-Kulissen, umzusetzen. Wenn sich Menschen nicht nur in ihren Kommunikationsnetzen und -stilen, sondern in ihren realen Lebensverhältnissen von anderen abgrenzen, entwickeln sie üblicherweise geschlossene Ideologien. Diese verfestigen nicht nur a-/soziale Netze, die für eigene Vorteile gestaltet werden, sondern exklusiv abgesonderte Lebensräume. Diejenigen, die sich in diesen einigeln, leugnen jegliche Legitimität fremder Weltanschauungen und Werte (Hayden 2007, S. 352).

In immer größerem Umfang wirkt „radikal Böses" (Berkowitz 1999) auch in vielen a-/sozialen Netzen und durch sie. Offensichtlich werden zivilisiertere, friedlichere, demokratisch legitimierte und aufgeklärte Konventionen am gewaltigsten in totalitären Regimen außer Kraft gesetzt – dies geschieht aber auch in Teilbereichen demokratischer Gesellschaften. Die Banalität des Bösen besteht darin, dass Gewalttäter_innen so nebenbei, d. h. als Kollateralschäden von militärischen, terroristischen, ökonomischen, religiösen, politischen Aktionen oder „sozial-medialen" Hasstiraden, zerstören oder vernichten. Neue Brutalitäten werden oft da ausgeübt, wo überkommene Macht und Herrschaft herausgefordert werden. Wenn legitimierte Herrschaft teilweise zerbricht, greifen manche staatlichen, aber auch wirtschaftliche, wissenschaftliche und kulturelle Institutionen gelegentlich zu brutal unterdrückerischen Maßnahmen (Wood und Wright 2016, S. 1451).

Weit vernetzte digitalisierte Fern-Wahrnehmungen und Fern-Selbstdarstellungen führen weg von persönlichem unmittelbarem Kontakt (mit besonderen Formen der

Fremd- und Selbstkontrolle) hin zu technisch und kommerziell formatierten Wahrnehmungssplittern. Die hierbei entstehenden wechselseitigen Abhängigkeiten erscheinen oft als weniger wirklich, weil nur mit wenigen Sinnen und für begrenzte Zeit wahrnehmbar. Neu ist seit dem zweiten Jahrzehnt des 21. Jahrhunderts, wie schnell, intensiv, effektiv und banal brutal (Des-) Informations- und (Ex-) Kommunikationstechnologien auszunutzen sind.

Eine Befragung unter mehr als eintausend ICT-Expert_innen ergab (Rainie und Anderson 2017) zum Beispiel: Das „gute Potential" des Internets sei riesig, aber die Gefahren für Missbrauch – ob beabsichtigt oder unbeabsichtigt – wahrscheinlich größer. Die das Netz dominierenden Weltunternehmen maximierten Profit, nicht Gemeinwohl. Wir näherten uns dem Höhepunkt einer Welle der Manipulation und Marktherrschaft auf Kosten jeglichen Privatraums. Algorithmen könnten individuelle Entscheidungen prägen, ohne dass dies überhaupt erkannt werde. Das gebe denjenigen, die die Entwicklung, den Einsatz und die Auswertung von Algorithmen kontrollierten, eine neuartige Macht. Die im Internet eingesetzten Algorithmen könnten die Absichten der Nutzer_innen erkennen. Diejenigen, die diese Datenbestände kontrollierten, verfügten damit über sehr weitreichende Mittel, große Teile der Bevölkerung zu manipulieren. Hierbei erschrecke der Mangel an (juristisch wirksamer) Zurechenbarkeit, Verantwortung und Transparenz. Regeln für verantwortungsbewusstes Verhalten würden diskreditiert und erschienen als veraltete Restbestände vergangener Zeiten.

Eine Wirtschaftsordnung, die zunehmend durch eine sehr kleine und exklusiv lebende Machtelite kontrolliert werde, reproduziere Privilegien. Wenn Algorithmen die Verbreitung von Nachrichten derart formatierten, dass damit andere Informationen unterdrückt würden, führe dies zu immer extremeren Weltanschauungen in immer stärker getrennten Gruppen. Eine Infragestellung individueller oder gruppenspezifischer Vor-Urteile werde somit unwahrscheinlich. Die Macht zu bestimmen, was wirklich und zu ändern sei, liege – so die Ergebnisse dieser Befragung – in Informations- und Kommunikationstechnologien, die nur wenige verstehen könnten. Eine erfolgreiche Nutzung von Algorithmen erfordere aber klare Regelungen und Verantwortungen. Denn die algorithmisierte gesellschaftlich-technische Komplexität führe zu unvorhersehbaren Katastrophen und wahrscheinlich zu solchen, über die wir uns noch gar keine Gedanken machen würden. Googles und Facebooks riesige Anlagen von Servern zum Beispiel müssten in das öffentliche Interesse gerückt werden. Denn sie hätten die Größe und das (Vernichtungs-) Potenzial von Atomkraftwerken und Ölraffinerien, ohne konsequent öffentlich beaufsichtigt zu werden.

2 Kollektive Mythen

Kollektiv verbindliche Erzählungen über die Welt und die „eigene" Gruppe/Gemeinschaft/Gesellschaft betreffen Probleme, Akteure, Gefahren, die als besonders wichtig erachtet werden. Kollektive Mythen betonen, wer zur eigenen Gruppe gehört, wer nicht und an welchen Merkmalen dies zu erkennen sei. Deshalb müssen zunächst Funktionen und Kategorien der seit einigen Jahrhunderten wichtigsten, nämlich der nationalen Mythen, erhellt werden: Sie begründen die Grundlage von Staaten, ihre speziellen Moral- und Wertsysteme. Hierbei geht es nicht um historische „Fakten", sondern um verinnerlichte Zugehörigkeiten und Hörigkeiten, die als selbstverständlich wahrgenommen werden. Damit einhergehend haben sich vor-verbal stillschweigende Einverständnisse darüber durchgesetzt, was „offensichtlich" normal oder pervers sei. Derartige kollektive Mythen tragen wesentlich zum sinnhaften Aufbau der sozialen Welt bei, prägen Ängste, Wünsche und Hoffnungen.

Mythen werden großenteils ungeplant, aber oft auch manipulativ strategisch durchgesetzt, um Identitäten zu formen und Grenzen zu setzen. Was überhaupt wahr sein darf, wird so von vornherein festgelegt, Randzonen und Grenzen werden tabuisiert. Mit dieser *Wahrnehmungsformatierung* werden „Überforderungen" ausgeblendet, sowohl in Bezug auf „Wirkliches" als auch auf „Mögliches". Hieraus ergeben sich banal vereinfachende „Erklärungen" für schicksalhaft erscheinende Herausforderungen, die sonst unerklärlich blieben, weil sie undurchschaubar sind und nicht zu Vor-Urteilen passen (Schoepflin 1997, S. 19, 22–25). Kollektive Mythen fungieren als Gegenmächte zu Rationalisierung und Zivilisierung, aber auch als deren undurchschaute Bestandteile. Oft benennen Mythen Helden und Bösewichte. Ihre Rangordnungen gründen in (vor-) geschichtlichen schicksalhaften Ereignisketten. Denn alle Kulturen teilen kollektive „Erinnerungen" daran, wie „wir" einst waren und Vor-Stellungen darüber, wie „wir" sein sollten. Kriege, politische Umstürze, Natur- oder Wirtschaftskatastrophen

P. Ludes, *Brutalisierung und Banalisierung*, essentials,
https://doi.org/10.1007/978-3-658-21767-9_2

bedingen solche Ur-Erlebnisse, Über- und Unterordnungen, die Akzeptanz von Herrschaft oder Unterdrückung, die Ausgrenzung von Fremdem. Grundmuster derartiger Wahrnehmungen werden durch viele Medien weitergegeben.

Norbert Elias (1987, S. 111–117) konzentrierte sich auf allgemeinere Funktionen kollektiver Mythen: als aus Ängsten oder Wünschen entstandene, vermeintlich beschützende Vorstellungen und Tagträume, als Versuche, eigentlich Unkontrollierbares in den Griff zu bekommen. Kollektive Illusionen und halb-magische Gewohnheiten erscheinen in seiner Wissenssoziologie als Mittel, übergroße Herausforderungen zu meistern. Mit ihnen könnten Gefahren ertragen werden, jenseits von Verständnis, Erklärung und tatsächlicher Kontrolle. Kollektive Mythen förderten den Zusammenhalt der Dazu-Gehörenden im Gefühl der Überlegenheit. Insoweit hier gruppenspezifische Integration auf Kosten klarer Ausgrenzungen erfolgt, handelt es sich bei kollektiven Mythen nicht um kraftlose und wirklichkeitsfremde Illusionen, sondern um *brutal banalisierende kollektive Wahrnehmungs-Zwänge* (vgl. McLuhan 1959). Sie wirken gerade durch ihre vermeintliche, oft ritualisierte Tat-Sächlichkeit (vgl. Pfeiffer 2015) und werden unterschieden (Schoepflin 1997, S. 28–35) nach Heimatländern, nicht rechtfertigbarem Leid und zu erkämpfender Erlösung, militärischer Stärke, Erneuerung und Wiedergeburt, oft erblich vorbestimmt. Kollektive Mythen erzählen Geschichten voller Auseinandersetzungen und bleiben relativ stabil über längere Zeiträume. Damit etablieren sie Orientierungs- und Identifikationskonventionen noch vor klarer benennbaren Traditionen. Diese Stabilisierungen fördern einen Zusammenhalt jenseits diskursiver Infragestellungen.

Peter Gendolla und Jörgen Schäfer (2005) erhellten, dass demgegenüber in den meisten Gesellschaftstheorien zu nachindustriellen „Wissensgesellschaften" im „Informationszeitalter", diskursiv begründete Selbstbeobachtungen und Steuerungen betont würden, wie z. B. in den Werken von Daniel Bell, Jürgen Habermas und Manuel Castells; die nachhaltige Bedeutung „unvernünftiger" oder mythisch erscheinender Zusammenhänge werde oft vergessen. Denn Mythen binden weiterhin durch Herkunft und Zugehörigkeit und dies häufiger und stärker als Gesetze und Argumente. Alle Erzählungen, auch Mythen, ordnen Welt-Anschauungen, indem sie isolierte Ereignisse in anscheinend notwendige, plausible Ketten flechten. Je leichter diese Verkettungen erkennbar werden, desto eher können sie zur Koordination und Kooperation genutzt werden. Je mehr Menschen länger, wiederholt, intensiv und zwanghaft solchen Ketten-Sagen ausgesetzt sind, desto mehr erscheinen diese als Sinn-Macher.

Diese Ver-Mischungen werden immer schneller und umfassender rekonfiguriert durch kommerziell-technisch vorgegebene Formate der Ex-/Kommunikation, Inklusion/Exklusion, Identifizierung und Vermachtung/Vermarktung. Alphabet,

Amazon, Apple, Facebook und Twitter agieren großenteils jenseits nationaler Steuer- oder Arbeitsrechtsregelungen, beeinflussen Gesetze und allgemeine Auffassungen darüber, was und wie kommuniziert werden kann und soll. Insoweit diese Formatierungen aufgrund ihrer leicht zugänglichen, scheinbar kostenlosen Verbreitung als *relativ natürliche Weltbedingungen* erlebt werden, konstituieren sie *neue Mythen der unbegrenzten, freien Kommunikation.*

Alle technischen Verbreitungsmedien erweitern die Bereiche, die wahrgenommen werden können, zugleich konzentrieren sie diese mediatisierten Wahrnehmungen auf die jeweilige kulturell-ökonomisch-technische Verfügbarkeit. Ähnlich *erweiternd und einengend* wirken die Botschaften über Lust und Leid unbekannter Mitmenschen. Die zunehmende Präsentation und Simulation von immer mehr sinnlichen Wahrnehmungen, mit Interaktionsoptionen in Echtzeit, verwischt Grenzen. Die Kriterien für erfolgreiche Kommunikation und Kooperation variieren; verbindliche zeitliche, räumliche, machtbezogene Abstimmungen und öfter Zwänge dominieren. Sie können nicht auf selbstverständliche Welterfahrungen „zurückgreifen", weil das „Internet der verzerrten Wahrnehmungen" (Ludes 2017a) weit jenseits technisch verbindliche Formate führt: Soziale und a-soziale Medien beschleunigen Gerüchte und Mythen, sie rufen starke emotionale Reaktionen hervor und bieten Schuldige, Loser oder Opfer an. Derartige *Banalisierungs-Spiralen* können als *Entrationalisierungsprozesse* oder Verdunkelung verstanden werden. Die Gruppen, die sich aufgrund von solchen weit und schnell verbreiteten kollektiven Mythen einander verbunden fühlen, erleben sich aber oft selbst als befreit von elitären Vor-Urteilen.

Entwickeln sich hierbei neu vernetzte und beschleunigte Mythen (vgl. Couldry 2014)? Und neuartige Mischformen mit anderen Erzählformaten? Wie werden diese Formatierungen bedingt durch immer neue (Des-) Informations- und (Ex-) Kommunikationstechnologien? Verstärken sie undurchschaubare Mythenkomponenten oder innovative verlässliche Mitteilungen? Variiert dies in Bezug auf die Abgrenzung von Eigengruppen, auf zu verteidigende Orte und Symbole? Welche Unterstellungen dominieren zu erfahrenem Unrecht, drohender Gefahr und im Hinblick auf Verteidigungsanstrengungen?

Mythen prägen Kernvorstellungen von Freunden und Feinden, Hauptproblemen und Lösungen. Neue Kontaktzonen entstehen nur insoweit, als Verständigungen über Mythen und andere Erzählungen hinweg eröffnet werden. In diesen neuen Kontaktzonen werden eingefleischte Gewohnheiten gelockert und Horizonte erweitert. Denn erst im Zusammenleben, nicht allein in Gesprächen, lassen sich alte Gewohnheiten überwinden. Mediatisierte kollektive Mythen greifen weithin bekannte Erzählmuster, Helden, Heldentaten, Siege und Niederlagen auf, ebenso wie leicht verständliche Weisen, hierüber zu erzählen. Diese allgemeineren

Erzählmuster ermöglichen Verständigung über mythische/berichtende/erklärende Narrative hinaus. Hierbei wird besonders auf die folgenden Komponenten gesetzt: Welche Erinnerungen wirken fort? Wer gehört zu uns oder darf eventuell, unter der Bedingung der Übernahme leitkultureller Vorschriften, auf Probe dabei sein? Gibt es für solche Kontakte einschneidend negative oder erstaunlich positive Erfahrungen? Handelt es sich hierbei um Ergänzungen oder Abspaltungen? Oder beides und mehr in undurchschaubaren Hybridisierungen? Welche Rolle spielen kollektive Mythen bei Zusammenhalt und Ausgrenzung?

3 Zusammenhalt und Ausgrenzung

Alle Menschen entwickeln je besondere Eigenschaften, die Ausdruck ihrer persönlichen Erfahrungen und Zwänge in großenteils unüberschaubaren Abhängigkeiten sind. Fundamental sind hierbei zum Beispiel Gefühle des Zusammengehörens, die zeitliche Orientierung, Sprache und Bewegungen, Gewohnheiten des Essens und Trinkens, der Rangordnung von Personen, Gegenständen, Situationen, Gefahren, zeitlichen und körperlichen Rhythmen und Wissensarten. Diese eingefleischten Gewohnheiten werden zunächst bei allen individuellen und Gruppenkontakten als selbstverständlich unterstellt, gelegentlich auch angepasst, variiert – aber nur selten grundlegend infrage gestellt. Solche Kontakte können friedlich verlaufen und auf Verständigung zielen, aber auch konfliktträchtig auf einen durchschlagenden Sieg gegen Wettbewerber_innen, Gegner_innen, Feind_innen hin ausgerichtet sein.

Menschen verstehen sich selbst und andere zunächst aufgrund von sinnlichen Wahrnehmungen. Diese unmittelbaren Erfahrungen prägen Vorstellungen, die wiederum stereotypisiert und gerahmt werden in medialen Erzählungen. Deren massenhafte Verbreitung und Nutzung verleiht ihnen anscheinend eine kurzfristige kollektive Unausweichlichkeit. Diese Einübung vermittelt Rahmenbedingungen für weitere Interaktionen und Kooperationen; bei der Fest- und Durchsetzung von Zielen können sie wie selbstverständlich unterstellt werden.

Eingefleischte Gewohnheiten können selten klar in Worte gefasst werden. Denn sie gründen in gesamtsinnlichen Erfahrungen, die zum Beispiel auch in Bewegungen, über längere Zeiten hinweg, eingeübt werden. Gewohnheiten werden durch wiederholte Praktiken geformt; immer wieder ausgeübte körperliche Bewegungen verwandeln sich hierbei in selbstverständliche Fähigkeiten. Körperwissen begründet unser Gefühl, in dieser Welt daheim zu sein. Wir finden uns, so hat es den Anschein, in ihr zurecht, ohne lange nachzudenken (Fuchs 2016, S. 219–221, 226).

P. Ludes, *Brutalisierung und Banalisierung*, essentials,
https://doi.org/10.1007/978-3-658-21767-9_3

Die unüberschaubare Vielfalt von Kontakten in digitalen Netzen macht solche Selbstverständlichkeiten unmöglich. In ortsgebundenen Kontaktzonen von Menschen in ihrer unmittelbaren Reichweite können sich diese potenziell mit allen Sinnen wahrnehmen und Erfahrungen im Lichte konkreter Prüfungen der Zuverlässigkeit anderer machen. Diese persönlichen Beziehungen können sich immer nur im Rahmen von machtvollen Zwängen im Arbeitsleben, in Politik und Kultur entfalten. Sie geschehen in Umgebungen, die ebenso durch örtliche Gegebenheiten, materielle Gegenstände und anwesende Personen gebildet werden wie durch Orientierungsmuster zu Zeit, Raum, Nähe, Rang oder Alternativen. Immer wichtiger werden hierbei die Verweisungen, die durch digitale Netze formatiert werden. Sie bedingen Selbst-Einschätzungen und allgemeinere Wertungen, auf Kosten weniger klar ausgesprochener, aber facettenreicherer persönlicher Begegnungen. Dieses „Internet der verzerrten Wahrnehmungen" (Ludes 2017a) gewinnt an Bedeutung und bildet eine neue Infrastruktur innerhalb der sich schnell verändernden technisch-ökonomischen Vernetzungen und ihrer Nutzungen zu fast allen Zielen und Zeiten.

Die neuartigen Eingewöhnungen greifen tiefer als persönlich vorgebrachte, bewusste Argumente oder als nachvollziehbar rationale Entscheidungen. Sie betäuben, unterdrücken oder amputieren oft zuvor dominierende gesamtsinnliche Wahrnehmungen, längere Überlegungen oder tiefer gehende Begründungen. Allerdings geht es hier nicht um einen Gegensatz zwischen zwei klar voneinander getrennten Lebenswelten, sondern um vielschichtige, sich wechsel- und gegenseitig prägende Habitualisierungen.

Der *Trend zu begrenzten sinnlichen Wahrnehmungen* hat eine lange Geschichte. Er wird rasant beschleunigt mit mobilen Smartphones, die vollsinnliche Wahrnehmungsoptionen verringern auf das in vernetzten Geräten Hör- und Sehbare. Über Jahrhunderttausende nahmen Menschen sich selbst und ihre Umgebungen allein mit ihren biologischen Sinnen und entsprechend bedingten Vorstellungen wahr. Die massenmediale Verbreitung von Mythen (McLuhan 1959) durch immer mehr Techniken transformierte alle biologisch dominierten Wahrnehmungsmuster. Die Industrialisierung und Mediatisierung der zur Verfügung stehenden Wahrnehmungsmittel und -formate beschleunigte sich seit dem 19. Jahrhundert. Neue Stars und (Tag-)Träume, Ideale und Modelle für Abscheuliches wurden über Spielfilme, Radio, Fernsehen, das Internet, hier insbesondere YouTube und Facebook, verbreitet. Weit verbreitete Erzählmuster beziehen sich hierbei meist auf die folgenden Fragen: Wer, was, wann, wo, wie und warum?

1. *Wer* bin ich? Und: Wer sind die wichtigsten anderen? Auf den ersten Blick könnte man annehmen, die ersten Lebensjahre seien noch wenig mediatisiert. Aber in den meisten Gesellschaften gibt es kaum noch Momente, die nicht in

den verschiedensten Genres, keinen Lebensabschnitt, der nicht schon dokumentiert oder fiktionalisiert wurde. Diese medialen Aufbereitungen verändern alte Be-Deutungen, ob Aberglauben, Glauben oder Alltagswissen. Nicht nur Verhaltensstandards und Persönlichkeitsstrukturen, auch weniger fixierte Vorstellungen und Zielsetzungen, Ängste und Hoffnungen werden re-figuriert. Die traditionellen familiären Regeln und Konventionen ebenso wie die Lernprogramme staatlicher oder kirchlicher Erziehungsinstitutionen verlieren soziale Kontrollchancen. Eltern, Geschwister und Lehrer_innen können nicht mehr autoritär als Erste und unhinterfragbar bestimmen, was wichtig sein soll. Denn alle menschlichen Verhaltensweisen wurden bekanntlich von medialen Erlebnis- und Ausdrucksweisen erfasst: Schlaf und Aufwachen, Essen und Trinken, Gehorsam und Widerspruch, Mitgefühl oder Hass, „richtige oder falsche Wahrnehmungen“, moralische Urteile und Vorstellungen von Sünden oder Regelbrüchen, allgemein: „akzeptables, gutes oder zivilisiertes“ Verhalten im Unterschied zu „nicht zu akzeptierendem, schlechtem, unzivilisiertem oder einfach unmöglichem“ Benehmen. Entsprechende Verhaltensnormen prägen Persönlichkeitsstrukturen.

„Wer bin ich?“ ist eine sehr spezielle Frage. „Wer sind wir?“ „Und die anderen?“ sind mindestens ähnlich fragwürdig. Solche Fragen werden im Alltag selten bewusst gestellt. Und Fragen klar zu stellen, ist bereits eine besondere menschliche Aktivität, die nur einen kleinen Teil menschlichen Verhaltens ausmacht. Die meisten sinnlichen Erfahrungen lassen sich nicht in Worte fassen. In unseren Bewusstseinsströmen vermischen sich unklare Bilder mit Andeutungen von Worten und Bedeutungen von Gefühlen. „Offensichtlich“ lässt sich dementsprechend das 21. Jahrhundert nicht als vorrangig digitales Zeitalter kennzeichnen – denn das würde all diese nicht digitalisierten Erlebnisbereiche und Vorstellungen ausblenden.

Werden die weit verbreiteten und im historischen Vergleich recht günstigen Massen- und Netzwerkmedien zu einer Demokratisierung neuer Wahrnehmungsmittel führen? Dem steht allerdings die Erfahrung entgegen, dass die meisten Mächtigen in Wirtschaft und Militär außerhalb eines investigativen Journalismus und kritischer öffentlicher Beobachtung bleiben. Abgelenkt von Hinterfragungen der wichtigsten Machtverhältnisse werden zudem viele durch die Konzentration auf sich selbst. Solche *„I-dentities“ verkennen oft Abhängigkeiten von undurchschauten Zwängen,* die jenseits individueller Kontrolle bleiben.

2. *„Was“* steht also im Vordergrund? – Diese Herausforderung bezieht sich zunächst auf die direkt erlebbaren, unmittelbaren Umgebungen, aber auch auf die zur Verfügung stehenden Kommunikationsmittel und die damit erreichbaren Wirklichkeitssplitter. Bereits Kleinkinder erleben sich und andere in umgrenzten Räumen, in denen Neues auftaucht und in denen andere Welten

zunehmend über audiovisuelle und digitale interaktive Medien immer wieder thematisiert werden. Hierbei sind zunächst die vollsinnlichen Wahrnehmungen im, dann am Mutterleib prägend, die Möglichkeit, etwas nicht nur zu sehen und hören, sondern auch zu (be-)greifen, riechen und schmecken, um es zu verstehen.

Die immer umfassendere und intensivere kommunikative Vernetzung und in unüberschaubare Weiten führende Abhängigkeit von Nicht- und Niemals-Anwesenden ist eng verknüpft mit materiellen Gegenständen. Hightech bedeutet nicht human touch; doch Touchscreens und virtuelle Interaktionen in Echtzeit schwächen zuvor als natürlich erlebte Wahrnehmungen ab. *Digitale Netze* greifen frühere, relativ natürliche Weltanschauungen auf, verdichten und dramatisieren sie, bis sie selbst *als neue Selbstverständlichkeiten,* als „common sense" erscheinen. Was unter „like", „friends" oder „followers" zu verstehen sei, wird bereits von Kindesfingern und -augen an eingeübt, standardisiert und sanktioniert.

3. *Wann:* Zuverlässige Interaktion erfordert eine Abstimmung der beteiligten Personen, Gruppen, Institutionen. Nur insoweit die Partner, Wettbewerber oder Feinde (ob weiblich, männlich oder transgender) auf verbindliche Uhrzeiten vertrauen können, kommt es zu zeitlich verlässlichen Treffen und Interaktionen. Die Kriterien für solche Abstimmungen variieren stark, aber ob in mythischen Ritualen, Herrschaftsbeziehungen oder allen Formen von Informations- und Arbeitsteilung, die Abstimmung von Zeithorizonten und Intervallen ist unerlässlich für beständige und verständige soziale Beziehungen.

Mechanische Uhrwerke, Massenmedien und digitale Netze synchronisieren durch die Stabilisierung von Erwartungen. Ähnlich wie in früheren Jahrhunderten Kirchenglocken und Turmuhren, aber ungleich näher und öfter, bedingten Stechuhren, Radio- oder Fernsehgeräte Anwesenheit zu vorherbestimmten Zeiten. In digitalen Netzen werden diese Optionen und Zwänge ausgeweitet in Raum und Zeit und verdichtet in smart und mobil erzwungenen Zeittakten der persönlichen Erreichbarkeit. Erwartungen auf gemeinsame persönliche Erlebnisse zu gründen wird seltener und unsicherer. Klar zurechenbare Verhaltensweisen, Ortskenntnisse und Zeitpläne in unmittelbaren und mediatisierten Interaktionen bleiben aber auch in hybriden Netzen notwendig.

Zeitliche Horizonte und die Grade ihrer Verbindlichkeit werden unübersichtlicher. Obwohl immer mehr und genauere Uhren in viele Alltagsumgebungen integriert werden, in Autos, Küchengeräte, Computer und Smartphones, bedeutet diese Banalität nicht unbedingt entsprechende Pünktlichkeit und zeitliche Verlässlichkeit. Im Unterschied zu den großen öffentlichen Uhren der Vergangenheit, weit über den Köpfen in Kirchtürmen,

Klassenräumen oder Rathäusern, vermittelt die Verkleinerung in Smartphones das Gefühl, Meister_in dieser Zeit(messer) zu sein. Die Diskrepanz von sehr kurzen Aufmerksamkeitsmomenten und langfristigen Prozessen wird durch die ständige Erreichbarkeit mit selfies, news und likes systematisch zugunsten des Kurzfristigen verschoben. Diese Vervielfachung meist sehr kurzer zeitlicher Orientierungen unterbricht traditionelle Tagesabläufe: Das Handy hat immer öfter Vorrang vor direkt Anwesenden. Damit verlieren persönliche Kontakte an Bedeutung und Sanktionschancen. Diese Kommunikationsumbrüche setzen sich gesamtgesellschaftlich durch: breaking news durchbrechen konventionelle Prioritäten in traditionellen Medien oder politischen Agenden.

4. *Wo* erfolgen diese Wahrnehmungsumbrüche? Auch unter Berücksichtigung von Manuel Castells' (1996–1998) Theorie neuer „flows" von Raum und Zeit erfordern Medien der Ko-Orientierung und Ko-Operation weiterhin stabil verlässliche Zeitmaßstäbe und Raumvorstellungen. Zuverlässigkeit und Gewissheit entstehen selten in immer wieder variierenden Kontaktzonen. Aber die Notwendigkeit, sicheren Grund zu finden, ebenso wie gute Begründungen, Tag für Tag, kennzeichnet ortsgebundene Kontakte. Nur so erachten Menschen, dass etwas Hand und Fuß hat. Nur so kann man zusammenhalten und sich verstehen. Und wenn man fällt, muss man neuen Grund finden. Im Unterschied zu diesen unmittelbaren Kontakten ergeben mediatisierte soziale Beziehungen fremdartige Vermischungen von Bewegungen, Gegenständen und Bedingungen. „Ohne Ortssinn" (Meyrowitz 1985) zu sein, war schon charakteristisch für „Fern-seh-erfahrungen", die unmittelbare Ortsverbundenheit in „mittlere Regionen" führten. *„Wandlungen der räumlichen und sozialen Dimensionen des Verhaltens fast aller Schichten weltweit"* gehen einher mit veränderten Persönlichkeitsstrukturen und Machtbeziehungen in mobilen Netzen. In diesem Sinne verweisen *„virtuelle Kontaktzonen" weiterhin auf zuvor in unmittelbaren, lokal gebundenen Räumen verbindliche Erfahrungen, die aber immer seltener als selbstverständlich erscheinen.*
5. *Wie* können Handlungs(ab)folgen und soziale Entwicklungen in ihren weit in die Vergangenheit reichenden Ur-Sprüngen und in die Zukunft verweisenden Aus-Wirkungen sinnlich erfasst und nicht nur vage vorgestellt werden? Traditionelle Massen- und immer wieder neue Netzwerkmedien ergänzen sich hierbei. Üblicherweise werden komplexe, langfristige Zusammenhänge auf kurzfristige überschaubare Ereignisse reduziert. In diesem Sinne bedeutet die Frage nach dem „Wie" eine Aufforderung zur mediatisierten Anschaulichkeit, Aufmerksamkeit und Anerkennung. Hierfür werden immer mehr Erzählungen medientechnisch produziert, verbreitet, kommentiert, kombiniert. Derartige Erzählströme und -ozeane klären aber nur begrenzt über hintergründig wirkende

Mächte auf. *Es verschwimmen oft Zurechenbarkeiten,* da gewaltig viele Machtressourcen und Ausbeutungskomplexitäten, privilegierende Kommunikationsregeln und Gesetzesmanipulationen unterhalb der *mediatisierten Oberflächen* bleiben.

6. *Warum* etwas geschieht, gemacht wird, entstand wird oft ausgeblendet. Diese letzte der traditionellen journalistischen, ja allgemein erzählerischen Fragen wird heute oft ersetzt durch „like“ oder „dislike“, „weiterleiten“ oder nicht. Damit werden Fragen nach dem „Warum“ tendenziell auch in vielen mediatisiert-persönlichen Beziehungen verdrängt. Denn leicht gezeigt werden können nur Personen, Tiere oder Gegenstände in Aktion: Alles, was über das in kurzer Aufmerksamkeitsspanne hinaus Zeig- und Sagbare hinausweist, verschwindet im Zwang des schnell zu Findenden und Weiterleitbaren.

Alltäglich verlässliche soziale Koordinationen und Synchronisierungen erfolgen oft ohne wiederholte bewusste Thematisierung. Sie gründen in gemeinsamen Horizonten und Orientierungen, die wiederum vielfach eingeübte sinnliche Wahrnehmungen voraussetzen. Mitentscheidend sind hierbei Kombinationen und Mischformen von unmittelbaren Situationen und mediatisierten Kontaktzonen mit allgemein verinnerlichten Erzählmustern. Bisher dominierende Regelmäßigkeiten werden durch neue Kanäle, Seiten, Foren, ihre Präsentations- und Interaktionsweisen umgebrochen. Viele heute lebenden Menschen nehmen audiovisuelle Erzählungen auf Bildschirmen passiv wahr. Diese Erzählungen prägen und rahmen „offen-sichtliche“ Stereotypen von Nation, Klasse oder Gender. Entsprechend nachhaltige, banalisierende Stereotypisierungen charakterisieren Partei- und Rundfunkprogramme, aber auch in digitalen Netzen wirkende Programmierungen.

Seit dem 20. Jahrhundert fördern immer mehr mediatisierte Fernsichten Vorstellungen über die eigene Nation oder das eigene „Volk“ im Kontrast zu und in Kontakt mit anderen. Im 21. Jahrhundert wurde es für die meisten weltweit vernetzten Kommunikationspartner_innen etwas selbstverständlicher, über nationale und sprachliche Grenzen hinaus zu kommunizieren. Der sinnhafte Aufbau der sozialen Welt wird hierbei zunehmend mittels Massenmedien und algorithmisch gesteuerter Auswahl formatiert, als Zusammenwirken von Menschen und Technologie. Allerdings werden bei der *algorithmischen Konstruktion von Wirklichkeit* Prozesse freigesetzt, die weit über die frühere, fast durchgehend menschengesteuerte Instrumentalisierung von Technik hinausführen. Denn lernende Systeme werden zwar zunächst allein vorangetrieben von Spezialist_innen für Künstliche Intelligenz und auch Nutzer_innen, die ihre persönlichen Daten kostenlos zur

Verfügung stellen. Sie verselbstständigen sich aber teilweise in sich selbst steuernden Prozessen als (halb-) automatisch lernende Mensch-Maschine-Systeme.

Die zunächst nur delegierte Macht der Algorithmen wird mit der weiteren Entwicklung Künstlicher Intelligenz immer undurchschaubarer, erscheint aber als alltäglich selbstverständlich. Persönliche Kontakte reichen in virtuelle und programmierte Zonen hinein – und umgekehrt. Der Begriff der *Kontaktzonen* sollte entsprechend differenziert werden in räumliche, virtuelle, programmierte Bereiche und vielschichtige Überlappungen. In allen Kontaktzonen erfordert die „relativ natürliche Weltanschauung", die auf gesamtsinnlichen Erlebnissen basiert, neue Anpassungen und Kompetenzen. Damit werden selbstverständlicher Zusammenhalt und anscheinend bedrohliche Ausgrenzungen neu problematisiert.

Fiktion und Tatsächlichkeit 4

Informations- und Kommunikationstechnologien dienen nicht nur wertneutral der Verbreitung von Informationen und der Ausweitung von Kommunikation. Medien sind nicht nur Botschaften, sondern oft auch Kampfmittel in Auseinandersetzungen. Vorstellungen, die durch a-/soziale Netze vermittelt werden, dominieren seit Beginn des 21. Jahrhunderts die Ziele, Erfahrungen, Ängste und Hoffnungen von immer mehr Menschen. Damit entstand zugleich ein technisch vermitteltes Repertoire an mediatisierten Erfahrungen, auf das immer mehr Menschen zurückgreifen.

Eine *Emanzipation der Sinne im Zeitalter ihrer technischen Vereinnahmung, Verkürzung, Ausblendung und Amputation* stellt uns vor generationenübergreifende Herausforderungen. Dazu gehört die Rettung der sprachlichen Vielfalt und ihrer kulturellen Assoziationen, ihrer nonverbalen und situationalen Kontexte. Grundlegend sind Vorstellungen darüber, wann die Vermittlung von mehr oder weniger bewussten oder auch unbewussten Botschaften beginnt und endet, nach welchen formalen, informellen und nicht klar beschreibbaren Konventionen sie erfolgt. Wann und wie wird verwiesen auf unterschiedlich sinnhafte Argumente oder Erfahrungen, Vor-Lieben und Vor-Hassgefühle, neue grundlegende Wertungen und undurchschaubare, relativ natürliche Weltanschauungen? So müssen zum Beispiel soziale Bewegungen Empörungen und Hoffnungen aktivieren, um diffuse Ängste und konkrete Befürchtungen zu überwinden.

„Absolute" Sicherheit in Ge-Wissens-Entscheidungen zu finden, wird immer schwerer in komplexen, langfristigen, mehrere Generationen und mehrere „Funktionsbereiche" umfassenden Lebenswelten. Es fehlen hierfür bereits gemeinsame Sprachen und Kommunikationsmittel. Dabei sind solche Verständigungsmittel Voraussetzung für die Wahrnehmung nicht banaler Herausforderungen und für die Vermeidung brutal vereinfachender Schein-Lösungen. Diese Verständigungsmittel müssen selbst immer wieder hinterfragt werden. Beiträge der „Sozialwissenschaften als Kunst", die Aufhebung der „großartigen Vereinseitigungen"

P. Ludes, *Brutalisierung und Banalisierung*, essentials,
https://doi.org/10.1007/978-3-658-21767-9_4

(Habermas) ausdifferenzierter Rationalitätsaspekte und Präsentationsformate (Ludes 1997; s. auch Schreier 2017 und Groys 2017, S. 23 f.) sind hierfür erforderlich. Denn die dominierenden (Des-) Informations- und (Ex-) Kommunikationstechniken und -formate eröffnen und begrenzen Wahrnehmungschancen.

Traditionelle Argumentationsweisen pressen aktuelle und zukünftige Herausforderungen in die sprachlichen und medialen Mittel vergangener Zeiten. Die anzustrebenden „Wissensgesellschaften für Frieden und nachhaltige Entwicklung" (Mansell und Trembley 2013) erfordern aber zweckrationales Wissen für konkrete Handlungen *und* wertrationales Wissen, das solche Zwecke und die Mittel begründen kann. Beide Wissensarten funktionieren zudem nur, wenn die beteiligten Menschen auch in Fernbeziehungen und erheblich über die Gegenwart hinaus gemeinsam friedlich leben können und verstehen, was als stummes oder implizites Hintergrundwissen interpretiert werden kann. Explizites Wissen kann in verschiedenen Medien präsentiert und über verschiedene Techniken weitergegeben werden. Demgegenüber ist *implizites, stummes Wissen oft an persönliche Erfahrungen oder künstlerische Intuitionen und Ausdrucksformen gebunden.* Es bleibt jenseits klarer Berechenbarkeiten, da es immer wieder auf unterschiedliche vollsinnliche Begründungen und Verweisungen zurückgreifen muss.

Wir benötigen deshalb kreative Strategien, die mit unausweichlichen Risiken, mit Nichtwissen und Überraschungen umgehen sollen (Gross 2016, S. 398). In diesem unüberschaubaren und weitgehend unwissbaren Kontext müssen fundamentale Fragen neu gestellt werden: Wie kann ich, können wir mir/uns überhaupt ganz sicher sein? Welche Ent-/Scheidungen stehen an und wer kann sie wie treffen? Für Milliarden von Menschen lautet die Antwort: Zu überleben, genug zu essen und trinken haben, ein sicheres Zuhause für sich selbst und die Familie. Über diese existenziellen Not-Wendigkeiten hinaus werden Fragen nach der eigenen Identität durch traditionelle Gewohnheiten im Rahmen unüberwindbarer Zwänge erlebt. Wenn also gefragt wird: „Wie können wir uns irgendwie sicher sein und wie können wir unsere Zweifel und Gewissheiten anderen mitteilen", verweisen diese Fragwürdigkeiten weit über direkt erlebbare und durchschaubare Erfahrungen hinaus.

Umso unvorstellbarer erscheint es, wie Menschen unterschiedlicher Kulturen und Generationen, in differenzierten Arbeits-, Lern-, Glaubens-, Machtbereichen einander verständigen sollten. Wann wird etwas offensichtlich, wenn man es nie gemeinsam sehen kann? Und wie sollen langwierige Aktionen auf undurchschaubaren Einsichten gründen? Auch in den ersten Jahrzehnten des 21. Jahrhunderts hungern offensichtlich hunderte Millionen von Menschen, werden viele Opfer brutaler Gewalt. Wie sollen unter solchen Umständen sogenannte Wissensgesellschaften entstehen? Werden bei banalisierenden Konzepten nicht von vornherein zahlreiche Menschen, extreme Ungleichheiten an Machtchancen und Lebensweisen und viele Leidensbereiche ausgeblendet? Kann es dennoch hierfür tatsächlich gemeinsame Sprachen, Beurteilungen, Erinnerungen, Vorstellungen, ein gemeinsames „Wissen" geben?

Megan R. Hill (2013, S. 326 f.) argumentiert: Die Ordnungsmacht von weltweit verbreiteten Erzählformaten besteht darin, Ereignisse und Handlungen in einsichtige Aufeinanderfolgen zu bringen. Die Leichtigkeit und Schnelligkeit, in der dies im Alltagsleben geschehen kann, beweist die normative Kraft von Narrativen. Gemeinsam bekannte Erzählungen bilden einen Grundstock, von dem die jeweiligen Kulturangehörigen zehren. Je mehr Menschen also derartige (mediatisierte) Erzählungen verinnerlichen, desto mehr dienen diese als „Schlüssel" zum Verständnis alltäglicher Probleme. Schlüsselerzählungen werden somit zu relativ natürlichen Bestandteilen unserer Sinngebungen und erfolgen unterhalb bewusster Hinterfragung. Denn sie arbeiten oft unerschütterlich mit am sinnhaften Aufbau der sozialen Welt. Das gilt für alle Arten sozialer Beziehungen oder Situationen: Wie werden zum Beispiel Eltern-Kind-Beziehungen *fiktionalisiert dokumentiert* und damit konventionalisiert? Beziehungen zwischen mehr oder weniger Mächtigen, Erfolgreichen, moralisch „vorbildlichen" Menschen und „Sünder_innen"? Oder „Wissende" vs. „Unwissende"? Situationen der besonderen Gefahr vs. alltägliche Routinen?

K. Ludwig Pfeiffer (2017, S. 81) fordert dazu auf, „ein Begriffsnetz" zu erarbeiten, „in und mit dem sich ein variabler Verbund an Fiktions-Tatsächlichkeits-Zusammenhängen abbilden lässt. ... Die Inszenierungsvorgaben bestanden vor dem 19. Jahrhundert überwiegend in Form von Mythen, Magie, Religion und Ritualen. Heutzutage muss man leider meist an die Massenmedien denken, die das Prestige der älteren Vorgaben, vor allem der Rituale, imitierend (und irritierend) anzapfen und ausbeuten." Beiträge zu „Fiktions-Tatsächlichkeits-Zusammenhängen" bieten zum Beispiel einige Science-Fiction-Werke. Nehmen wir hier nur zwei neuere und sehr erfolgreiche Beispiele aus China und den USA, ergeben sich gute Einblicke in diese „Fiktions-Tatsächlichkeits-Orientierungsmodelle".

Lius Trilogie „Die drei Sonnen" wurde in China vor einem Jahrzehnt publiziert, ins Englische 2014 bis 2016 und ins Deutsche 2016 und 2017 übersetzt (Liu 2016a, b, c). Diese Trilogie beginnt mit der sogenannten Kulturrevolution, der Leugnung naturwissenschaftlicher Erkenntnisse durch die Roten Garden und der brutalen Ermordung eines Professors der Physik der Tsinghua Universität, Ye Zhetai, wenige Meter vor seiner Tochter Ye Wenjie, die diese Ermordung ohne Protest ansehen muss. Ye ist im Gefängnis auch unter Folter nicht bereit, Gespräche ihres bereits ermordeten Vaters, die nie so stattfanden, zu bestätigen. Liu entführt uns dann in die Gegenwart und weite Zukunft der menschheitsbedrohenden Einladung außerirdischer Intelligenzen auf die Erde, mit weiteren radikalen Infragestellungen bisheriger Gesetze und Regelmäßigkeiten. Vor allem in Band 2 und 3 beschreibt er die Auswirkungen der Gesetze eines kosmischen Dschungels auf menschliche und im gesamten Kosmos verbreitete Erkenntnisfähigkeiten und Überlebenschancen.

Der Autor schreibt in seinem Nachwort von 2012 zur US-amerikanischen Ausgabe, er selbst habe eine besondere Begabung, sich Größenordnungen und Existenzen vorstellen zu können, die weit jenseits normaler menschlicher Wahrnehmungen lägen. Er könne sie berühren, so wie andere Bäume oder Steine anfassen könnten. Wissenschaftliche Erzählungen seien größer, faszinierender, erschreckender und geheimnisvoller als fiktionale Literatur. Ihr Nachteil sei nur, dass sie in abstrakten Gleichungen gefangen seien – ein Gefängnis, aus dem die Verbindung von Wissenschaft und Fiktion ausbrechen könne.

Im Unterschied hierzu konzentriert sich Omar el Akkads „American War", in Englisch und Deutsch veröffentlicht 2017, auf einen neuen Bürgerkrieg und den Zusammenbruch der USA im letzten Drittel des 21. Jahrhunderts. Inmitten brutaler Gewalttaten bleibt einer Mutter ihren drei Kindern gegenüber manchmal nur die Leugnung der tatsächlichen bürgerkriegerischen Aktionen übrig, die bald vorbei seien: Je mehr sie das wiederholte, desto wahrer wurde es anscheinend für sie und ihre Kinder (Akkad 2017, S. 43). Später (S. 81) ist sie es leid, immer wieder in sinnlosen, lügnerischen Auseinandersetzungen verfangen zu werden. Entscheidend sei mal ihre Hautfarbe, die Gruppenzugehörigkeit oder Religion ihres (bei einem Selbstmordattentat) getöteten Ehemanns oder das Aussehen ihrer Tochter. Es komme zu kämpferischen Gegensätzen darüber, was normal und richtig oder unnormal und falsch sei. In einem Interview in der FAS vom 26. Juli 2017 resümiert Akkad seine Erfahrungen in den USA: „Was mich aber wirklich entsetzt hat, war die Bereitschaft der Menschen, politische Lügen und beruhigende Mythen einfach hinzunehmen".

Ein solches „Ent-setzen" erfordert die Konzentration auf eine „Wahrheitskrise", ja tiefgreifender eine *„Wahrnehmungs- und Verständniskrise"*. Denn alle menschlichen Sinne können je einzeln ihre Umgebungen wahrnehmen, in unterschiedlichen Kombinationen und je verschieden technisiert. Alle Vorstellungen können in verschiedenen Zeichen, von Bildern oder Klängen über Worte und Sätze zu mathematischen Formeln, erfolgen. „Das Gehirn ist primär dem Imaginären verpflichtet. … *Mythen und das Imaginäre werden zu Mitgestaltern und Produkten menschlichen Schicksals.* … Im Allgemeinen waren die Kosten der Unterscheidung zwischen Realität und Fiktion zu hoch, weil diese Unterscheidung unseren Zugang zu Gewissheit und eine ungestörte Entwicklung unserer Wirklichkeitssinne verringerte" (Pfeiffer 2018, S. 59, 97, Übersetzung und Hervorhebung durch den Autor).

Überlieferte Tabus machen uns blind für Sondierungen gefährlicher Prozesse (Minnich 2014, S. 171). Extreme soziale Ungleichheiten verengen kollektiv verbindliche Wahrnehmungs-Horizonte: Inwieweit ähneln die Lebensbedingungen der 45 reichsten Familien in Deutschland, deren Vermögen dem der ärmeren Hälfte entspricht, tatsächlich den Bedingungen, unter denen die ärmere Hälfte der deutschen Bevölkerung aufwächst, arbeitet, krank wird, stirbt? Oder die Lebenswelten der acht reichsten Männer der Erde den Lebens- und Leidenswelten der ärmeren Hälfte der Menschheit? Welche Ausgrenzungen werden von wem wie durchgesetzt? Hierzu gibt es weder verlässliche Befragungen noch teilnehmende Beobachtungen oder gar experimentelle Überprüfungen. Und wird es wahrscheinlich nie geben.

Welchen Gruppen stehen in welchen Situationen welche Des-/Orientierungs- und Ex-/Kommunikationsmittel zur Verfügung? Wie kann angesichts der Vielfalt an (mangelnden) Voraussetzungen für gelingende Kommunikation Verständigung erfolgen? Oder wie können überhaupt mehr oder weniger „wirklichkeitsgerechte" Beschreibungen und Erklärungen erarbeitet werden? Wie oft nur scheinbar? Existenzielle Gefährdungen und wie ihnen begegnet wurde, bilden hierbei besonders nachhaltige, tief eingeübte Verhaltensmuster. Massen- und Netzwerkmedien werden meist nach Profit- und Machtinteressen organisiert und institutionalisieren dementsprechend weniger emanzipatorische, demokratisierende Regelungen als solche, die den Unternehmens- und nationalen Sicherheitszielen dienen.

Welche brutalen oder strukturellen Gewalttaten behindern Wahrnehmungskompetenzen? Welche Perspektiven werden wie vorgegeben und formatiert? Auch bei der Untersuchung dieser Problematik versagen viele Methoden der empirischen Sozialforschung. Es sind deshalb „Brückenmedien" (Ludes 2011, S. 9, 166), „zwischen vollsinnlichen Erfahrungen und technisch begrenzten und erweiterten Erfahrungen … zu entwickeln, um Kommunikationsprozesse zwischen sehr verschieden integrierten Kommunikationsgemeinschaften zu ermöglichen." Denn die „Vernetzung dieser unterschiedlichen Kommunikationssplitter gewinnt an Bedeutung, weil die terroristischen oder ökologischen Kosten der Ausgrenzung großer Menschengruppierungen unbezahlbar werden und weil die allgemeinen Menschenrechte und – pflichten gefördert werden müssen."

Das abschließende „Fiktions-Tatsächlichkeits-Orientierungsmodell" präsentiert prekäre Schlussfolgerungen aus den bisherigen Überlegungen. Damit wird das komplexe und widersprüchliche Zusammenspiel und Gegeneinander von fiktiven Behauptungen und entrechteten oder verdrängten Tat-Sachen problematisiert. „Denn die Umformung, die Entmaterialisierung, die Zivilisierung des elementaren Phantasiestroms durch den Wissensstrom und, wenn alles glückt, die schließliche Verschmelzung des ersteren mit dem letzteren bei der Handhabung des Materials stellt einen Aspekt einer Konfliktlösung dar" (Elias 1991, S. 81).

Es geht hier aber nicht um sich selbst projizierende und selbst bespiegelnde individuelle Akteure, sondern um personalisierte Knoten in unüberschaubaren Netzen. Wie in Kap. 3 herausgearbeitet, geht es auch *nicht* um *konkrete Orte,* sondern um *unterschiedlich vernetzte lokale Kontakt- und globale virtuelle Einflusszonen,* die abschließend symbolisch aufgehoben werden mit globalen Abrechnungen für die acht reichsten Männer der Erde.

5 Ein neuer Dekalog

Pro: Log im Dia log

Brutale Kämpfe mit blutigen Opfern werden präsentiert als banale Medien-Rituale in Filmen, Radio-Reden, Fernseh-Live-Übertragungen, Streaming Videos, sozialen Foren und auf Twitter. Die *fiktiven* Charakterisierungen, Symbole und Orte hier sollen anregen zu Ausarbeitungen und multimedialen Fiktions-Tatsächlichkeits-Orientierungsmodellen, jeweils über den Geist der Zeit hinausweisend. Sie sind sehr kurz, diesen knappen Zeit-Geist (wie die Reihe *Essentials*) reflektierend, aber offen für lange Fristen. Der „Wann-Sinn" (Ludes 1989) ist vorbei: keine Fragen und kein Sinnen mehr, sondern banale Gewissheiten der eigenen Gruppe, sauber getrennt von Zuvielkommenden. Unberechenbares verdammt, Ankommende ausgesperrt, kein Schaffen mehr für Wissen, das nun verlogen neu erschien, also in nicht mehr als zwei Worten: Merkel raus, Trump rein, ein Volk, Lügen Presse, Ausländer raus, Fakten weg: sind Dreck. Am Ende dieses Stückwerks erhebt sich auf voller Bühne ein neuer Dekalog:

1. Du sollst an nichts glauben – nur an das, was Dir gerade gefällt.
2. Du darfst niemandem helfen, es sei denn er likte Dich zwei Wochen.
3. Benutze nie klare Begriffe, lass Dich nicht festlegen.
4. Ehre Deine Followers und folge selbst.
5. Vergiss Deine Eltern, ahne Deine Ahnen.
6. Du sollst nicht töten, außer diejenigen, die Gebote 1 bis 5 nicht befolgen.
7. Du sollst nicht brechen mit Deiner Gruppe.
8. Du sollst stehlen jegliches Wissen, es dann aber zur Unkenntlichkeit verzerren.
9. Genieße es zu lügen, um andere zu verunsichern und rauszuwerfen: Fire and Fury!
10. Begehre nicht Wissenschaft, vermehre Wissensschuft.

P. Ludes, *Brutalisierung und Banalisierung*, essentials,
https://doi.org/10.1007/978-3-658-21767-9_5

Auf dem Streifen zwischen der Hohen-Kaffee-Schule (alternativ: der niedrigen Tee-Schule) und dem Friedhof im Norden fand sich ein USB-Stick, mit nur teilweise rekonstruierbaren Inhalten. Die Regen-, Matsch-, Fuß- und Tierspuren hatten einiges zerstört. Im grünen Güllen war sie gegründet worden – mit einem dicken Sack gerettet; nun sollte sie angepasst werden, an Halb-Wissen und Verschleierungen, Beschäftigungsgelegenheiten und Geschäfte-Machereien: *Unternehmen Wendige Worthülsen* für neue Fake News mit Trumpeten (lauter und hohler als Trompeten), internationale Lügenschmieden für Profis.

Als *Hauptakteure* kamen aus dem USB-Untergrund:

- *Die Kaffeedame,* mit den roten Schuhen (immer nur via Skype aus verschiedenen Luxus-Orten), Mitte 50, elegant
- *Der Kaffeeherr,* mit der zitternden Stimme (meist via sichere private Transmissionen aus Anwaltskanzleien und Vorstandsetagen), Mitte 40, erscheint solide
- *Die Wendige,* mit marionettenhaften Bewegungen, stoisch introvertiert, manchmal offen als Marionette erkennbar
- *Der Worthülsenmann,* Bratwurstliebhaber und Gesten-Imitator, korpulent, langsam, Mitte 40
- (zusammen: *die Vier; alternative Figuren: die tiefsinnige Tee-Dame, mit Slippern, der hochnäsige Tee-Herr mit dem leichten Bauchansatz, die Dame auf Stelzen, der Zwitscherer*)
- Die *Hilfsgruppe:* Hasen, Bauern, große Lippe, hurtig den vieren folgend, vermeintlich nachdenklich, tatsächlich verschleiernd
- Der *Chor der Entrechteten,* ca. 15, in der Mehrzahl Frauen, internationaler als die bisher genannten deutschen und stämmigen, in Erstaunen versetzt wie eine aussterbende Gattung
- Die *Mitläufer_innen,* ca. 15, geschäftig sich versteckend hinter Schweizer und Chinesischen Wänden
- *Junge Suchende,* ca. 15, 17–22 Jahre alt, multikulturell, wissend, aber sich ahnungslos gebend, abhängig von den Vieren.

1. Akt: Die Trennung

Ort und Zeit des Geschehens

Ein kleiner Friedhof, hauptsächlich christlich, aber auch einige muslimische, buddhistische, hinduistische, jüdische und säkulare Symbole; befestigte, aber zum Teil unsichere, verschmutzte, glatte Pfade zwischen den Gräbern. Zwei schiefe Ebenen, die die Handelnden oft ins Rutschen bringen, sie mal in den

Vorder-, dann in den Hintergrund schieben. Frühes Tageslicht, das bei einigen Worten durch wolkige Verdunkelungen abgeschwächt wird. Bei vollem Licht sind vorne Kindergräber erkennbar – dahinter Grabmäler aus vergangenen Zeiten, manchmal Freiheitszeichen von Revolutionen des 19. und 20. Jahrhunderts. Im Zentrum das Grabmal der unbekannten Wissenschaftlerinnen, die Entdeckungen gemacht hatten, die anderen zugeordnet wurden; dagegen gelehnt und immer größer werdend ein Krematorium-Kämmerlein.

Erstes Drittel des 21. Jahrhunderts

Szene 1: Die Entrechteten gehen zunächst in normalem Schritt, dann immer bedächtiger vorbei an den Kindergräbern zum Grabmal der unbekannten Wissenschaftlerinnen dieser Stätte: Hier also, an und unter diesem Ort des vermeintlichen Friedens, hatten die Vier einst gewirkt, die damaligen Hauptakteure dieses historischen Präzedenzfalles der *Abwirtschaftung freier Geister.* Die unabhängigen Geister wurden damals verwandelt in Profit Center für Geld-Zeichen, in Genuss-Scheine mit wunderbarem Duft nach Gewinn – und wurden entsprechend ausgemustert. Die Vorbereitungs-Gespräche mussten damals ja in abhörsicheren Räumen stattfinden, das entscheidende Gremium der Vier arbeitete deshalb im Krematorium-Kämmerlein jeweils nur zu zweit, selbst bei Übertragungen, damit jede Form numerisch höherer Intelligenz vermieden wurde.

Die Kaffeedame: Nur 25 Prozent plus in unserem Familienvermögen in den letzten zwei Jahren, wir vermögen mehr und trennen uns von den alten Lasten des Alten.

Die Wendige: Ich bin dabei, solange ein Promille für mich bleibt – ich habe eine große Familie und Kindermädchen und Haushälterin knabbern an meinem Häuschen.

Beide raus aus der Kammer, rein
Der Worthülsenmann: Hier riecht's, wonach, ich folge nach,
vertrete mir die Füße und büße,
zu bleiben in dem Formelkram.
Der Kaffeemann: Nicht wunderbar und nichts mehr bar ab nächstem Jahr,
das wurde auch dem Chore klar,
die klagen wollten.
- Von draußen hört man ein Wehklagen des *Chors der Entrechteten:*
Vorbei und nicht mehr frei,
doch freigesetzt, gehetzt,
gebrochen, was einst rechtens war.
Die vier nun gemeinsam vor der Gruftkammer:
Stickig war's und bleibt's – für die andern,
die wandern
raus aus diesem Haus.

Deren halbes Hundert, verwundert
oh wie naiv, wie tief
sinnig ist nicht mehr
die Lügen müssen her
juchhe, in dieser Gruft
erschufen wir die "Wissensschuft".
Der Kaffeemann: Die Lücke ist so klar, wir brauchen nur drei Jahr,
Geist und Soziales weg, das hat doch keinen Zweck,
Nur Psycho, Bio log und das im Dia log
Darin sind wir Experten, es gibt so keine Härten
Wir wissen, was der Markt so will
Die Absolventen werden still.
Die Wendige: Ich bin dabei und mach uns frei
Von alter Last, in Hast
Die merken's nicht und glauben noch
An dieses Loch.
(Sie zeigt auf das Krematorium und das Denkmal – als bilde sie ein Kreuz.)
Die Kaffeedame: 3 Dutzend Schuhe neu
Wie ich mich freu
Für jede, die einst Geistes schuf
Erhörte einst des Kaffees Ruf
Gewinnen wir Hauspersonal
Erlösen uns von alter Qual
Der Insubordination.
Der Worthülsenmann: Die Hauptsach' ist, du frisst
Es nicht in dich hinein, besser nur scheinbar rein
Als selbst ins Gras gebissen: dort fühlt' ich mich beschissen
Da beiß ich lieber selber zu, das teil ich ja mit dieser Fru
Der wend'gen Marionette
Geht gern mit Geld ins Bette.

Szene 2: Auf tritt, von der rechten Seite des Friedhofs, in Richtung Krematorium

Die Hilfsgruppe: Hasen, Bauern, große Lippe:
Wir durften dafür bleiben, uns unsre Hände reiben
Der Wissensschuft in dieser Gruft
Kreieren neue Fälle, verdunkeln klare Helle
Verdunkelung heisst's nun, die Klärer nichts mehr tun
Als weichen vor Transformation:
Verpisst Euch schon!
Der Hase sucht nach Kohl, doch hohl
Ist diese Gruft, fast ohne Luft
So schnappt er nur herum, berechnet etwas dumm
Altlasten zu verstoßen, verliert fast seine Hosen.
Der Bauer tritt hinzu:
Ich kann schon sehr gut zerren

Glaub nicht mehr alten Herren
Dien unsrer Marionette
Kleb an ihr wie ner Klette
Bis ich werde gerufen
Scharr' jahrelang mit Hufen
Die wachsen immer weiter
Wissensschuft ist heiter.
Große Lippe: Wir binden die, die bleiben
Genießen es zu reiben
In eure Nasen rein
Der Schufte Mischung fein.

Szene 3: Im Kreise um die anderen wandert

Der Chor der Entrechteten:
Sie stinkt nach neuen Leichen
Wir werden endlich weichen
Der Duft verdrängt die Wissenschaft
Entzieht ihr schließlich alle Kraft
Ur-Altes wird hier neu erschafft
Aufklärung wird schnell abgeschafft
Nur windig wird's und dunkel
Diskurs ade – Gemunkel.

Szene 4: Im Hintergrund des Friedhofs, kaum erkennbar, bleiben

Die Mitläufer_innen:
Nur Börsenkurse zählen
Wir wählen
Die andern quälen
Einst klar und Klärung Auf-
Zuhauf
Wir schuften nun allein
Ge-Wissens-Bisse? Nein.

Szene 5:
Alle Akteure treten bei hellerem Licht ins Freie, tanzen zwischen den Gräbern und werfen sich Bücher, Smartphones, USB-Sticks und Kaffee- oder Teepackungen zu, immer mehr fällt zu Boden, in geschlossene und offene Gräber. Dann verwandeln *die Vier* ihre Bücher und USB-Sticks in Geldnoten: Euros, Schweizer Franken, Rubel, Renminbi, US-Dollar und werfen sich diese gegenseitig zu. Die Bücher und USB-Sticks stapeln sich aus den offenen Gräbern und auf den alten

Gräbern, werden von den *Vieren* in mitgebrachte Aktenvernichter gesteckt, sie singen dabei:

Vergiss was war einst wahr
Genieße grundlos aus Sagen
Und schöpfe Mythen neu
Der Markt braucht Lügenkräfte
Sieh nur in unsre Hefte
So international
Ein Ende dieser Qual
Der Alten Wahrheitssuchen
So werden wir neu buchen
Das Business, die Show
Was sind wir froh.

Szene 6:
Alle verlassen den Hof des Friedens in Richtung Hoher-Kaffee- oder niedriger Tee-Schule, von der unterhalb der Bühne futuristische Gebäude erstrahlen: zuerst *die Mitläufer_innen, dann die Hilfsgruppe, der Chor der Entrechteten und die Vier.* Hierbei spielt die Melodie von *When the Saints go Marching in* zu folgendem Text:

Ja, wenn Profit uns einst verlässt
Ja, wenn Profit uns einst verlässt
Ja, dann lass mich dabei sein,
wenn Profit uns einst verlässt.
Und Wissen neu geschafft …
Und untergehn die Börsen-Kurse …
Und wenn ein Buch geöffnet wird …
Und wenn man singt: Halleluja …
Und Wissenschaft wird wieder neu ….

2. Akt: Die Anpassung

Orte und Zeit des Geschehens auf einer Drehbühne, in deren Boxen die folgenden Szenen gleichzeitig spielen, wobei sich die Bühne erst sehr langsam, dann allmählich etwas schneller dreht, so dass am Ende des 2. Aktes ein allgemeines Karussell-Wohlgefühl mit pubertärem Gekicher und -schrei ertönt. Die Boxen variieren auch ihre Höhe, so dass einst unten Liegende erhöht werden. Bei einer Umdrehung bzw. Erniedrigung/Erhöhung ist zunächst ca. die Hälfte des jeweiligen Textes zu verstehen (der fortwährend gesprochen wird), gegen Ende gehen alle Texte in ein neues gemeinsames, sinnlos erscheinendes Geschwafel über.

Wenige Jahre nach dem 1. Akt.

1. *Szene:* Vor Schweizer Bergen (als Live-Übertragung) grasen einige Milka-Kühe im Franken-Tal. Hier residieren *Die Kaffee- oder Teedame* und *Der Kaffee- oder Teeherr,* sie skandieren:

Kunst und Aktien steigen,
auch im Reigen,
wer arbeitet da schon,
ein Ende dieser Fron
für uns
wir zwei, wir investieren
kriechen auf allen Vieren
im Milka-Franken-Tal
ja, das ist unsre Wahl.

2. *Szene:* Auf dem verfremdeten Friedhof (Geldzeichen auf kleinen Tresoren ersetzen ehemalige religiöse Grabmäler und das Denkmal der unbekannten Wissenschaftlerinnen) *Geister der Entrechteten,* in abwechselnd sehr schwachen und dominierend lauten Stimmen:

Hier also war Zäsur, Abschied der Besten nur
Die schafften noch am Wissenshaus
Die flogen alle Acht Kant raus
Und machten Platz dem House of Cards
Minervas Face bekam ne Warz
Das Interface ins Fakebook ging
Das war der Schaft in Schufte Schling
Verschlungen, nie mehr Weisheitstrank
Wiss'schuft wurd' schlank.

3. *Szene:* Eine Sportanlage für verschiedene Sportarten in der Nähe des Friedhofs, Videos von vertriebenen Jugendlichen, die auf neuesten Sportgeräten enteilen und zurückkommen.

Die Mitläufer_innen, unisono:
Wir bleiben, egal wie – ach nie
Gemacht, gedacht, gelacht
Doch lieber gute Nacht
Als schlechten Tag
Und ohne Geld.
Es uns gefällt.
Wir schuften Tag und Nacht
Nur hinterm Rücken noch gelacht
Nur hinter vorgehaltner Hand
Wir halten weiter schön den Rand.

4. *Szene:* Große Labore mit angeschlossenen Lebewesen-Parks zur gentechnischen Aufrüstung und Kommunikationszentren für Lying by Doing.

   Die Wendige und der Worthülsenmann, die *Hilfsgruppe,* im fast harmonischen Chor:
   Es ging doch leicht, mit Moderduft
   Verpesteten die alte Luft
   Bliesen nur neue Keime rein
   Verhielten uns soo fein
   Wir lernten immer wieder gut
   Nur Mut
   Beim Schuften, Jubilieren
   Wir grasen hier auf vieren
   Ersetzen alte Zellkulturen
   Und drehen kurz an neuen Uhren
   Der Schweizer Präzision
   Genießt sie schon.

5. *Szene:* Kleinere Labore zur KD: Künstlichen Dummheit, der neuen Marktlücke, fliehende Gestalten in weißen und schwarzen Kitteln aus der Gruppe der Mitläufer_innen, kontinuierliche Hintergrundmusik „We are one stupidity".

   Ein Hase, Bauer, große Lippe:
   Zu zweit sind wir schon weg
   war doch nur Dreck.
   (wird wiederholt)

6. *Szene, Kombination der o.g. Orte des Geschehens in den anderen 5 Boxen:* Auftreten bisher unerkannter *junger Suchender,* 17–22 Jahre alt, wie Schwärme, hinter *Avataren der Vier,* stumm: Sie begraben überall, wo sie erscheinen, großflächige Poster, auf denen Fetzen und Bruchstücke eines grob als Verfassungstext erkennbaren Gemischs von analogen und digitalen Datenträgern aufgeklebt sind: auch diese Fetzen werden abgerissen und sorgsam verstaut in Tresoren, die Schließfächern gleichen.

3. Akt: Der Friedhof

Kurz nach dem 2. Akt, auf dem gleichen Friedhof wie im 2. Akt, in der 2. Szene. – Nur eine Szene in diesem Akt.

Wieder auf dem alten Friedhof, viel Gras ist über die Gräber gewachsen, keine Anzeichen mehr von Büchern oder USB-Sticks, nur noch

Die Vier: Wir schufteten wie wild, gestalteten das Bild
Der neuen Zeit der Wissensschuft
Begonnen hat's in dieser Gruft
Es liefen viele mit
Wir kneteten den Kitt
Diverser Submission
Trumps neue Kader schon.

Aus allen Ecken ertönen Trumpeten (lauter und hohler als Trompeten), auf weit verteilten großen Würfeln und Kugeln spielen Hybridisierungen von aktuellen Parodien auf Natur-, Ingenieur-, Sozial- und Geisteswissenschaften und akademische Prüfungen, z. B. https://www.youtube.com/watch?v=Fl4L4M8m4d0,
https://www.youtube.com/watch?v=Q1YIYx8VBkI,
https://www.youtube.com/watch?v=hlvZ_8V6uc4,
https://www.youtube.com/watch?v=LTXTeAt2mpg.

Nach einigen Minuten kommen alle Akteure auf die Bühne, tanzen wild und zahm durcheinander – aufgenommen von Webcams und übertragen auf die Mobiles der Event-Mitwirkenden, so dass die Schauspieler_innen als handlich erscheinen.

Es steigt dann auf ein Aff', schon schlaff,

spielt Boccia,
aus Kugeln fallen Zettelein, darein
der Code im Lot
ganz sicher Kot
Adressenschwindel ausprobiert
vertiert
im Kuschelzoo der Super-Acht
wird nicht gelacht
sondern gemacht
mehr Geld, ab 1000 Millionen
kann man an allen Orten wohnen
macht Pässe und Gesetze
lebt über diesen, schafft selbst Wissen
die andern zu verpissen
Milliarden gegen Milliardäre
sind nicht mehr darstellbar
Aufklärung ist am End
das Window wurd' verpennt.

Ende der Szene und des Provinz-Stücks. Aber auf dem USB-Stick war ein Kurz-Video, auf dem *die Vier* marschierten: Aus ihrem Getrippel-Getrampel entstand – gut erkennbar für diejenigen, die Marschtritte aus dritten und vierten Reichen kannten – die Nationalhymne der Neuen Reichen: Money, Money,

Money – Aha: Money, money, money, Must be funny, In the rich man's world, Money, money, money, Always sunny, In the rich man's world.

Epi„log"

Rund um den Theaterraum, die Erlebnis-Sphäre, die Event-Location erscheinen – alle Wände, die Decke und den Boden ausfüllend – Kurzvideos der acht reichsten Männer der Welt (jeweils aktualisiert).

Aus deren aktuellen biografischen Kurz-Videos ragen Gruppen von Lobbyist_innen, Rechtsanwält_innen, Sicherheitskräften, Politiker_innen, PR-Spezialist_innen und Wissenschaftler_innen hervor, wie Marionetten und Worthülsenmänner, individuell am seidenen Faden und im hieraus geflochtenen Netz der Acht. Zunächst zelebrieren die am meisten verbreiteten Mini-Bios die Verdienste der „Super-Acht", dann werden sie (aufgrund eigener Recherchen) in die nur selten bekannten Villen, Yachten und Privatflugzeuge projiziert. Auf der Projektionsfläche des Bodens tauchen immer mehr dreidimensionale Projektionen ärmerer Menschen auf, in Slums und Favelas, Straßengräben und Müllkippen, in Tausenden an und auf Zügen oder Bussen.

Es werden schließlich die globalen Kosten der allgemeinen Rechtssysteme, von Kindergärten, Schulen und weiteren Ausbildungssystemen und aller Infrastrukturen auf den Börsenkursen der Multi-Milliardäre eingeblendet und von ihren Vermögen abgezogen – und an die ärmere Hälfte der Menschheit verteilt.

Was Sie aus diesem *essential* mitnehmen können

- Soziale und asoziale Netze beschleunigen brutal banalisierende kollektive Mythen.
- Hierdurch entstehen neue kollektive Wahrnehmungs-Zwänge.
- Zusammenhalt und Ausgrenzung werden neu formatiert.
- Vollsinnliche und mediatisierte Erlebnisse, Tatsächlichkeiten und Fiktionen überblenden undurchschaubare Abhängigkeiten.
- Eine Emanzipation der Sinne im Zeitalter ihrer technischen Vereinnahmung, Verkürzung, Ausblendung und Amputation stellt uns vor generationenübergreifende Herausforderungen.
- Es sind deshalb „Brückenmedien“ zwischen vollsinnlichen Erlebnissen und technisch begrenzten/erweiterten Erfahrungen zu entwickeln.

P. Ludes, *Brutalisierung und Banalisierung*, essentials,
https://doi.org/10.1007/978-3-658-21767-9

Literatur

Akkad, O. el. (2017). *American war. A novel*. New York: Alfred A. Knopf.

Arendt, H. (1963). *Eichmann in Jerusalem: A report on the banality of evil*. New York: Viking Press.

Aronczyk, M. (2017). Narratives of legitimacy: Making nationalism banal. In M. Skey & M. Antonsich (Hrsg.), *Everyday nationhood* (S. 241–258). London: Palgrave Macmillan.

Berkowitz, L. (1999). Evil is more than banal: Situationism and the concept of evil. *Personality and Social Psychology Review, 3,* 246–253.

Castells, M. (1996–1998). *The information age. Economy, society and culture*. Drei Bände. Oxford und Malden: Blackwell.

Couldry, N. (2014). Inaugural: A necessary disenchantment: Myth, agency and injustice in a digital world. *The Sociological Review, 62,* 880–897.

Eder, M. (2017). *Digitale Evolution. Wie die digitalisierte Ökonomie unser Leben, Arbeiten und Miteinander verändern wird*. Berlin: Springer.

Elias, N. (1987). *Die Gesellschaft der Individuen*. Frankfurt a. M.: Suhrkamp.

Elias, N. (1991). *Mozart. Zur Soziologie eines Genies*. Frankfurt a. M.: Suhrkamp.

Elias, N. (2017). Das Janusgesicht der Staaten (1982, interviewt von Peter Ludes, Frank Adler und Paul Piccone). In E. Jentges (Hrsg.), *Das Staatsverständnis von Norbert Elias* (S. 19–32). Baden-Baden: Nomos.

Fuchs, T. (2016). Embodied knowledge – Embodied memory. In S. Rinofner-Kreidl & H. Wiltsche (Hrsg.), *Analytic and continental philosophy. Methods and perspectives. Proceedings of the 37th International Wittgenstein Symposium* (S. 215–229). Berlin: De Gruyter.

Garton Ash, T. (2016). *Free speech: Ten principles for a connected world*. London: Atlantic Books.

Gendolla, P., & Schäfer, J. (Hrsg. und Einleitung) (2005). *Wissensprozesse in der Netzwerkgesellschaft* (Medienumbrüche 6). Bielefeld: Transcript.

Global Commission on Internet Governance. (2016). One internet. Centre for International Governance Innovation and Chatham House. https://www.cigionline.org/sites/default/files/gcig_final_report_-_with_cover.pdf. https://www.ourinternet.org/report Zugegriffen: 27. Jan. 2018.

Gross, M. (2016). Risk as zombie category: Ulrich Beck's unfinished project of the 'non-knowledge' society. *Security Dialogue, 47* (5), 386–402.

P. Ludes, *Brutalisierung und Banalisierung*, essentials,
https://doi.org/10.1007/978-3-658-21767-9

Groys, B. (2017). Die Wahrheit der Kunst. In L. Schwarte (Hrsg.), Ausstellungswert und Musealisierung. *Paragrana: Internationale Zeitschrift für Historische Anthropologie 26*(1), 17–27.

Haarkötter, H., & Nieland, J.-U. (Hrsg.). (2017). *Nachrichten und Aufklärung. Medien- und Journalismuskritik heute: 20 Jahre Initiative Nachrichtenaufklärung*. Wiesbaden: Springer.

Hartley, J., Montgomery, L., & Siling Li, H. (2017). A new model for understanding global media and China: 'Knowledge clubs' and 'knowledge commons'. *Global Media and China, 2*(1), 8–27.

Hayden, P. (2007). Superfluous humanity: An Arendtian perspective on the political evil of global poverty. *Millennium: Journal of International Studies, 35*(2), 279–300.

Hill, M. R. (2013). Developing a normative approach to political satire: A critical perspective. *International Journal of Communication, 7,* 324–337.

Liu, C. (2016a). *The three-body problem*. London: Head of Zeus.

Liu, C. (2016b). *The dark forest*. London: Head of Zeus.

Liu, C. (2016c). *Death's end*. London: Head of Zeus.

Ludes, P. (1989). *Kulturtheorien als Intermediaspiele*. Essen: Blaue Eule.

Ludes, P. (Hrsg.). (1997). *Sozialwissenschaften als Kunst. Originalbeiträge von Karl Mannheim, Norbert Elias, Kurt H. Wolff und Agnes Heller*. Konstanz: UVK.

Ludes, P. (2011). *Elemente internationaler Medienwissenschaften: Eine Einführung in innovative Konzepte*. Wiesbaden: Springer.

Ludes, P. (2017a). Das Internet der verzerrten Wahrnehmungen und abgeklärte Aufklärung. In H. Haarkötter & J.-U. Nieland (Hrsg.), *Nachrichten und Aufklärung. Medien- und Journalismuskritik heute: 20 Jahre Initiative Nachrichtenaufklärung* (S. 17–37). Wiesbaden: Springer.

Ludes, P. (2017b). Das Interview von Norbert Elias für *Telos*: Kontexte. In E. Jentges (Hrsg.), *Das Staatsverständnis von Norbert Elias* (S. 33–35). Baden-Baden: Nomos.

Mansell, R., & Tremblay, G. (2013). *Renewing the knowledge societies vision: Towards knowledge societies for peace and sustainable development.* WSIS+10 Conference. UNESCO, Paris.

McLuhan, M. (1959). Myth and mass media. *Daedalus, 88,* 339–348.

Mersmann, B., & Kippenberg, H. G. (Hrsg.). (2016). *The humanities between global integration and cultural diversity*. Berlin: de Gruyter.

Meyrowitz, J. (1985). *No sense of place: The impact of electronic media on social behavior*. Oxford: Oxford University Press.

Minnich, E. (2014). The evil of banality: Arendt revisited. *Arts & Humanities in Higher Education, 13,* 158–179.

Pfeiffer, K. L. (2015). *Fiktion und Tatsächlichkeit. Momente und Modelle einer funktionalen Textgeschichte*. Hamburg: Shoebox House.

Pfeiffer, K. L. (2017). *Fiktion und Tatsächlichkeit als kulturwissenschaftliche Begriffe*. Departmental Paper, Kansai University Institutional Repository.

Pfeiffer, K. L. (2018). *From chaos to catastrophe? Texts and the transitionality of the mind*. Berlin: de Gruyter.

Rainie, L., & Anderson, J. (2017). The fate of online trust in the next decade. Pew Research Center. 10. August. http://www.pewinternet.org/2017/08/10/the-fate-of-online-trust-in-the-next-decade/. Zugegriffen: 27. Jan. 2018.

Schoepflin, G. (1997). The functions of myth and a taxonomy of myths. In G. Hosking & G. Schoepflin (Hrsg.), *Myths and nationhood* (S. 19–35). New York: Sage.

Schreier, M. (2017). Contexts of qualitative research: Arts-based research, mixed methods, and emergent methods. *Forum Qualitative Social Research/Sozialforschung 18*(2), Art. 6.

Wood, R. M., & Wright, T. M. (2016). Responding to catastrophe: Repression dynamics following rapid-onset natural disasters. *Journal of Conflict Resolution, 60*(8), 1446–1472.